AUF ALL DEINEN WEGEN

zur Konfirmation

FÜR:

MIT LIEBEN WÜNSCHEN VON:

Befiehl dem **HERRN** dein Leben an
und vertraue auf ihn,
er wird es richtig machen.

PSALM 37,5

VERTRAUE DEM HERRN DEINE PLÄNE AN,
ER WIRD DIR GELINGEN SCHENKEN.

sprüche 16,3

Es ist nicht auszudenken, was Gott aus den Bruchstücken unseres Lebens machen kann, wenn wir sie ihm ganz überlassen.

blaise pascal

MÖGE GOTT auf dem Weg,
den du vor dir hast, vor dir hergehen.
Das ist mein Wunsch
für deine Lebensreise.
Mögest du die hellen Fußstapfen
des Glücks finden
und ihnen auf dem
ganzen Weg folgen.

irischer segensspruch

ICH WÜNSCHE DIR
viele gute Gedanken
und ein Herz,
das überströmt
von Freude
und diese Freude
weiterschenkt.

irischer segensspruch

GOTT SEI VOR DIR,
um dir den Weg der Befreiung zu zeigen.
GOTT SEI HINTER DIR,
um dir den Rücken zu stärken für den aufrechten Gang.
GOTT SEI NEBEN DIR,
eine gute Freundin und ein guter Freund an deiner Seite.
GOTT SEI UM DICH,
wie ein schönes Tuch und eine wärmende Alpakadecke,
wenn Kälte dich blass macht und
Lieblosigkeit dich frieren lässt.
GOTT SEI IN DIR
und weite Dein Herz, zu lieben
und für das Leben zu kämpfen.

irischer reisesegen

Der Herr ist gut zu uns,
seine Gnade hört niemals auf,
für alle Zeiten hält er uns
die Treue.

psalm 100,5

DENN ICH BIN DER HERR, DEIN GOTT.
Ich nehme dich an deiner rechten Hand und sage:
Hab keine Angst! Ich helfe dir.

jesaja 41,13

DENN DU hast mir immer geholfen;
unter deinem Schutz bin ich geborgen,
darum kann ich vor Freude singen.
Ich klammere mich an dich,
und du hältst mich
mit deiner starken Hand.

psalm 63,8-9

Du zeigst mir den Weg, der zum Leben führt. Du beschenkst mich mit Freude, denn du bist bei mir.

Apostelgeschichte 2,28

MIT GOTT als Begleiter verirrst du dich nicht,
denn er ist der Streiter für Wahrheit und Licht!
Ihm sollst du vertrauen und seinem Gebot;
auf ihn kannst du bauen in jeglicher Not!

FRIEDRICH MORGENROTH

NUR BEI GOTT KOMME ICH ZUR RUHE;
GEDULDIG WARTE ICH
AUF SEINE HILFE.

psalm 62,2

hätte gott mich anders gewollt,
so hätt' er mich anders gebaut.

JOHANN WOLFGANG VON GOETHE

HERR, ich danke dir dafür,
dass du mich so wunderbar
und einzigartig gemacht hast!
Großartig ist alles, was du geschaffen hast –
das erkenne ich!

psalm 139,14

DER HERR ist mein Hirte, nichts wird mir fehlen.
Er weidet mich auf saftigen Wiesen und
führt mich zu frischen Quellen.
Er gibt mir neue Kraft.
Er leitet mich auf sicheren Wegen
und macht seinem Namen damit alle Ehre.
Auch wenn es durch dunkle Täler geht,
fürchte ich kein Unglück, denn du, HERR, bist bei mir.
Dein Hirtenstab gibt mir Schutz und Trost.
Du lädst mich ein und deckst mir den Tisch
vor den Augen meiner Feinde.
Du begrüßt mich wie ein Hausherr seinen Gast
und füllst meinen Becher bis zum Rand.
Deine Güte und Liebe begleiten mich Tag für Tag;
in deinem Haus darf ich bleiben mein Leben lang.

nach psalm 23

Wo Hass ist, lass mich Liebe säen,
wo Unrecht ist, Vergebung,
wo Zweifel ist, Glaube,
wo Verzweiflung ist, Hoffnung,
wo Dunkelheit ist, Licht,
wo Trauer ist, Freude.

FRANZ VON ASSISI

Herr, in deinen Armen bin ich sicher.
Wenn du mich hältst,
habe ich nichts zu fürchten.
Ich weiß nichts von der Zukunft,
aber ich vertraue auf dich.

FRANZ VON ASSISI

peace

DEIN ist das Licht des Tages, Herr,
dein ist das Dunkel der Nacht.
Leben und Tod sind in deiner Hand.
Dein sind auch wir und beten dich an.
Du, Herr, hast uns zu dir geschaffen,
und unser Herz ist unruhig,
bis es Ruhe findet in dir.
Lass uns ruhen in deinem Frieden
und erwachen am Morgen, dich zu rühmen.

nach augustinus

ICH WÜNSCHE DIR
die Fröhlichkeit eines Vogels
im Ebereschenbaum am Morgen,
die Lebensfreude eines Fohlens
auf der Koppel am Mittag,
die Gelassenheit eines Schafes
auf der Weide am Abend.

irischer segensspruch

dieser tag
gehört unserem gott.
lasst den mut nicht sinken,
denn die freude am herrn
gibt euch kraft!

NEHEMIA 8,11

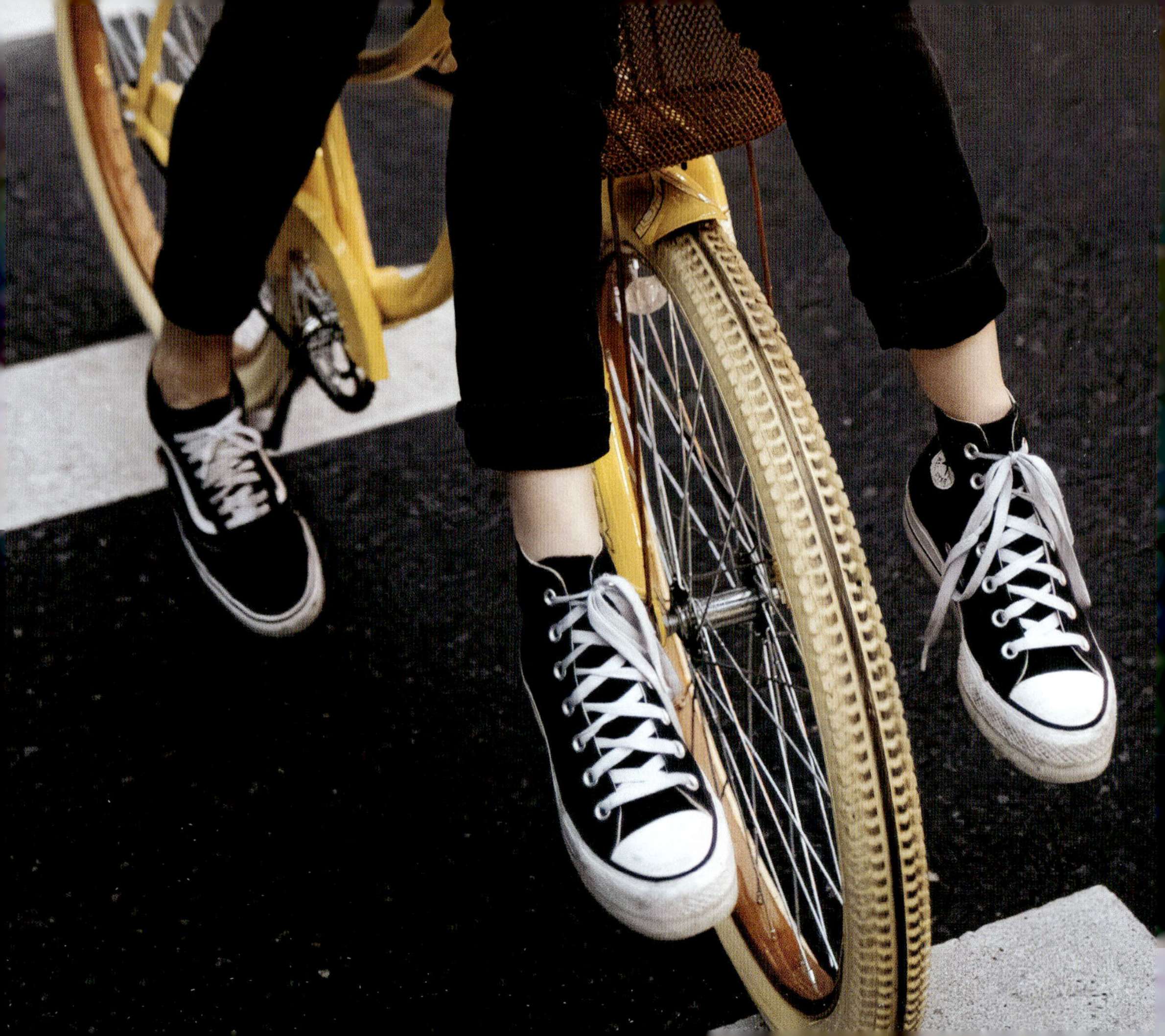

NUN SEID IHR ALLE ZU KINDERN GOTTES GEWORDEN,

weil ihr durch den Glauben mit Jesus Christus verbunden seid. Ihr gehört zu Christus, denn ihr seid auf seinen Namen getauft. Jetzt ist es nicht mehr wichtig, ob ihr Juden oder Griechen, Sklaven oder Freie, Männer oder Frauen seid:

in jesus christus seid ihr alle eins.

GALATER 3,26–28

Aufrichtigen Menschen schenkt
er Gelingen; er hilft allen, die so leben,
wie es ihm gefällt. Wer andere gerecht
behandelt und Gott die Treue hält,
steht unter seinem Schutz.

Sprüche 2,7-8

GOTT HAT JEDEM MENSCHEN
DIE FÄHIGKEIT VERLIEHEN,
ETWAS ZU ERREICHEN.
KEINEN MENSCHEN HAT ER
OHNE TALENT GELASSEN.

MARTIN LUTHER KING

peace

DER HERR SCHENKE DIR

die Behutsamkeit seiner Hände,
die Güte seiner Augen,
das Lächeln seines Mundes,
die Treue seiner Schritte,
den Frieden seiner Worte,
die Wärme seines Herzens,
das Feuer seines Geistes,
das Geheimnis seiner Gegenwart!

aus frankreich

LASST UNS EINANDER LIEBEN:
nicht mit leeren Worten,
sondern mit tatkräftiger Liebe
und in aller Aufrichtigkeit.
Dann zeigt sich, dass die Wahrheit
unser Leben bestimmt.

1. johannes 3,18

in seiner liebe beschenkte er uns mit weisheit und erkenntnis seines willens.

EPHESER 1,8

> WIR MÜSSEN IMMERFORT DEICHE DES MUTES BAUEN GEGEN DIE FLUT DER FURCHT.
>
> MARTIN LUTHER KING

SEI MUTIG UND ENTSCHLOSSEN!

Lass dich nicht einschüchtern und hab keine Angst!
Denn ich, der Herr, dein Gott, bin bei dir,
wohin du auch gehst!

Josua 1,9

BARMHERZIG UND GNÄDIG IST DER HERR,
groß ist seine Geduld und grenzenlos seine Liebe!
Er beschuldigt uns nicht endlos und bleibt nicht
immer zornig. Er bestraft uns nicht, wie wir es
verdienen; unsere Sünden und Verfehlungen
zahlt er uns nicht heim. Denn so hoch,
wie der Himmel über der Erde ist,
so groß ist seine Liebe zu allen, die ihm
mit Ehrfurcht begegnen.

*so fern, wie der osten vom westen liegt,
so weit wirft gott unsere schuld von uns fort!*

PSALM 103,8–12

Bibelverse sind der Übersetzung Hoffnung für alle ® entnommen,
Copyright © 1983, 1996, 2002, 2015 by Biblica, Inc. ®

Fotos: Adobe Stock, pexels.com, unsplash.com

© Brunnen Verlag GmbH,
Gottlieb-Daimler-Str. 22, 35398 Gießen
info@brunnen-verlag.de
www.brunnen-verlag.de
Redaktion: Erika Gitt
Gestaltung und Satz: Daniela Sprenger
Druck: Graspo, Tschechien
ISBN 978-3-7655-3358-7